O[illegible]

MW01710407

# LA RÉINCARNATION

*312 FR*

ÉDITIONS PROSVETA

Le texte de cette brochure est paru dans :
*L'homme à la conquête de sa destinée*
(N° 202 de la Collection Izvor)


Éditions Prosveta S.A. – B.P.12 – 83601 Fréjus Cedex (France)

ISSN 0763-7233
ISBN 2-85566-479-9

# I

Je voudrais aujourd'hui vous parler de la réincarnation, parce que depuis longtemps, je me suis aperçu qu'il y en a certains parmi vous que cette question préoccupe et inquiète. On leur a toujours enseigné que l'homme n'a qu'une seule vie, et maintenant, en entendant parler de réincarnation, ils sont troublés, rien n'est clair dans leur tête.

On pourrait s'étendre très longuement sur cette question, exposer, par exemple, ce qu'en pensaient les Tibétains, les Hindous, les Égyptiens, leurs travaux et leurs expériences. Mais je me contenterai d'interpréter quelques passages des Écritures, et je vous prouverai que Jésus lui-même connaissait et acceptait la réincarnation. Vous direz que vous avez parcouru tous les *Évangiles* et que nulle part vous n'avez trouvé le mot « réincarnation ». Mais je vous répondrai qu'il n'y a rien d'étonnant à ce qu'on n'ait pas mentionné explicitement la réincarnation à une époque où tous y croyaient. Comment les évangélistes pouvaient-ils soupçonner qu'il fallait en parler spécialement en prévision d'une époque où les gens n'y croiraient plus ? Ils ont rapporté si peu de choses dans leurs écrits qu'ils n'allaient pas s'étendre sur un point qui faisait partie de la tradition. Ce n'est pas convaincant ?... Bon, bon, vous serez convaincus tout à l'heure.

Étudions dans les *Évangiles* certaines questions qui sont posées par Jésus ou ses disciples, et les réponses données. Un jour, Jésus demande à ses disciples : *« Qui dit-on que je suis ? »* Que signifie cette question ? Est-ce que vous avez vu des gens demander : « Qui dit-on que je suis ? » Ils savent qui ils sont, et ils ne se demandent pas ce que les autres en disent. Pour poser une question pareille, il faut croire à la réincarnation. Et regardez ce que répondent les disciples : *« Les uns disent que tu es Jean-Baptiste, les autres Élie, les autres Jérémie ou l'un des prophètes »*. Comment peut-on dire que quelqu'un est tel ou tel qui est déjà mort depuis longtemps si on ne sous-entend pas l'idée de réincarnation ?

Une autre fois, Jésus et ses disciples se trouvent devant un aveugle de naissance, et les disciples demandent : *« Rabbi, qui a péché, cet homme ou ses parents, pour qu'il soit né aveugle ? »* Là aussi, est-ce qu'on pose des questions tellement absurdes si on ne croit pas à la réincarnation ? Quand donc cet homme aurait-il pu pécher dans le ventre de sa mère ? Dans quel bistrot allait-il, dans quelle boîte de nuit ? Quel commerce malhonnête faisait-il ? Qui a-t-il assassiné ? Ou c'est une question stupide, ou elle sous-entend la croyance à une vie antérieure. Vous direz : « Oui, mais les disciples de Jésus n'étaient pas instruits, on raconte qu'ils étaient des pêcheurs, alors ils pouvaient poser des questions un peu bizarres». Si ç'avait été le cas, Jésus le leur aurait fait remarquer. On voit dans les *Évangiles* qu'il n'hésite pas dans certains cas à réprimander ses disciples. Or, il ne les réprimande pas, il leur répond simplement: *« Ce n'est pas que lui ou ses parents aient péché... »* Parce que les disciples ont donc aussi demandé si c'étaient les parents qui avaient péché pour que leur fils soit né aveugle. Oui, parce que les disciples de Jésus avaient appris dans la loi hébraïque que chaque anomalie, chaque infirmité, chaque malheur est dû à une transgression des lois, mais que souvent une personne peut payer pour une autre, et donc, lorsqu'on voit quelqu'un dans le malheur, on ne peut savoir si c'est lui qui a péché ou s'il se sacrifie pour un autre.

C'était là une croyance admise chez les Juifs. Tout ce qui peut arriver de mauvais étant le résultat d'une transgression, les disciples ont donc posé la question, parce qu'ils savaient qu'un homme ne peut pas naître aveugle sans raison... parce qu'il plaît à Dieu de le faire aveugle, comme l'imaginent les chrétiens! Donc, Jésus répondit: *« Ce n'est pas que lui ou ses parents aient péché, mais c'est afin que les œuvres de Dieu soient manifestées en lui »*. C'est-à-dire pour que, passant par là, je le guérisse et que le peuple croie en moi. Et il leur a expliqué: On vous a appris que les hommes reçoivent des souffrances pour deux raisons: ou bien ils ont commis des péchés et sont punis, ou bien, n'ayant pas commis de péchés, ils paient à la place des autres, ils se sacrifient pour évoluer. Mais il existe une troisième catégorie qui a fini son évolution, qui est libre, et que personne n'oblige à redescendre sur la terre. Et souvent ils descendent parce qu'ils acceptent de supporter n'importe quelle maladie, souffrance ou infirmité, et même d'être martyrisés, afin d'aider les humains. Eh bien, cet aveugle-né fait partie de la troisième catégorie. C'est pourquoi Jésus a dit : *« Ni lui ni ses parents n'ont péché, il est descendu sur la terre avec cette infirmité afin que je le guérisse et que tout le monde croie en moi »*. Ainsi cet homme sauvait des quantités de gens.

Et si vous n'êtes pas encore convaincus, voici encore d'autres arguments. Un jour, Jésus apprend que Jean-Baptiste vient d'être emprisonné, et le texte dit seulement : *« Jésus ayant appris que Jean avait été livré, se retira dans la Galilée »*. Quelque temps après, Jean-Baptiste est décapité sur l'ordre d'Hérode. Après la transfiguration, les disciples demandent à Jésus : *« Pourquoi les scribes disent-ils qu'Élie doit venir premièrement ? »* Et Jésus répond : « Il est vrai qu'Élie doit venir et rétablir toute chose, mais je vous dis qu'Élie est déjà venu, qu'ils ne l'ont pas reconnu et qu'ils l'ont traité comme ils l'ont voulu ». Et le texte ajoute : *« Les disciples comprirent qu'il parlait de Jean-Baptiste »*. Donc, il est clair que Jean-Baptiste était la réincarnation d'Élie. D'ailleurs, l'*Évangile* rapporte aussi que lorsqu'un ange apparut à Zacharie, père de Jean-Baptiste, pour lui annoncer que sa femme Élizabeth allait donner naissance à un fils, il lui dit : *« Il marchera devant Dieu avec l'esprit et la puissance d'Élie »*.

Étudions maintenant la vie du prophète Élie et cherchons ce qu'il a fait pour mériter d'avoir la tête coupée lorsqu'il s'est réincarné plus tard sous la forme de Jean-Baptiste. C'est toute une histoire très intéressante. Élie vivait au temps du roi Achab. Achab avait épousé Jézabel, fille du roi de Sidon, et à cause d'elle il rendait un culte à Baal. Élie se présenta devant le roi Achab pour lui reprocher son infidélité au Dieu d'Israël et lui dit : *« Il n'y aura ces années-ci ni rosée ni pluie, sinon à ma parole ».* Puis il partit sur l'ordre de Dieu se cacher dans les montagnes pour échapper aux recherches du roi. Au bout de trois ans la sécheresse avait fait de grands ravages dans tout le pays : le peuple souffrait de la famine, et Dieu envoya Élie se présenter de nouveau devant le roi Achab. Dès qu'il l'aperçut, le roi reprocha violemment à Élie d'être la cause de cette sécheresse. *« Non, dit le prophète, c'est toi qui en es la cause, parce que tu as abandonné l'Éternel pour rendre un culte au dieu Baal. Maintenant on va voir qui est le vrai Dieu. Ordonne le rassemblement de tous les prophètes de Baal sur la montagne du Carmel... »* Tous les prophètes furent rassemblés, et Élie dit : *« Maintenant, qu'on amène deux taureaux, nous allons faire deux autels, un pour Baal et un pour l'Éternel. Les prophètes invoqueront Baal et moi j'invoquerai l'Éternel. Le Dieu qui répondra par le feu sera le vrai Dieu ».*

Les prophètes commencèrent ; depuis le matin jusqu'à midi ils firent des invocations : *« Baal... Baal... Baal... réponds-nous... »* Mais aucune réponse, et Élie se moquait d'eux : *« Criez un peu plus fort, pour qu'il vous entende, parce qu'il est peut-être préoccupé par quelque chose ou bien il est en voyage ou bien il dort »*. Les prophètes crièrent plus fort, et même, comme ils pratiquaient la magie, ils se firent des entailles sur le corps, parce qu'ils espéraient, par le sang qui coulait, attirer des larves et des élémentaux qui feraient tomber le feu sur l'autel. Mais rien ne se produisit. Alors Élie dit : *« Maintenant, ça suffit, qu'on apporte douze pierres »*. Et avec ces pierres il fit un autel autour duquel on creusa un fossé ; il plaça du bois sur les pierres, et sur le bois, le taureau coupé en morceaux. Puis il fit tout arroser d'eau et remplir aussi d'eau le fossé. Maintenant, tout était prêt, et Élie invoqua le Seigneur : *« Éternel, Dieu d'Abraham, d'Isaac et d'Israël, que l'on sache aujourd'hui que Tu es Dieu en Israël, que je suis ton serviteur et que j'ai fait toutes ces choses par ta parole »*. Et le feu tomba du ciel, tellement puissant qu'il consuma tout : il ne restait plus ni victime, ni bois, ni pierres, ni eau. Tout le peuple terrifié reconnut que le vrai Dieu était le Dieu d'Élie. À ce moment-là, Élie, sans doute un peu trop fier de sa victoire, fit conduire les 450 prophètes de Baal près d'un torrent où il les égorgea.

Voilà pourquoi il fallait s'attendre à ce qu'il ait, à son tour, la gorge tranchée. Parce qu'il existe une loi que Jésus a énoncée dans le jardin de Gethsémani au moment où Pierre, se précipitant sur le serviteur de Caïphe, lui coupa l'oreille : *« Pierre, remets ton épée au fourreau, car tous ceux qui prendront l'épée périront par l'épée »*. Or, dans une même existence, on ne voit pas toujours la véracité de ces paroles. Et Élie, justement, comment est-il mort ? Non seulement il n'a pas été massacré, mais on lui envoya un char de feu par lequel il fut transporté au ciel. Mais il reçut la punition de sa faute lorsqu'il revint sur la terre en la personne de Jean-Baptiste. Jésus savait qui il était et quel destin l'attendait. C'est pourquoi, bien qu'il ait dit de lui des paroles magnifiques : *« Parmi ceux qui sont nés de femmes, il n'en a point paru de plus grands que Jean-Baptiste »*, Jésus ne fit rien pour le sauver, et il n'a rien fait, parce que la justice devait suivre son cours. On comprend maintenant pourquoi il avait quitté le pays à l'annonce de son emprisonnement : parce qu'il ne devait pas sauver Jean-Baptiste. La loi, c'est la loi.

Mais allons plus loin : je vais vous montrer maintenant que, sans la réincarnation, plus rien n'a de sens dans la religion ni même dans l'existence. Vous allez trouver des prêtres ou des pasteurs, et vous leur demandez : « Expliquez-moi pourquoi tel homme est riche, beau, intelligent, fort, pourquoi il réussit tout ce qu'il entreprend, et pourquoi tel autre est malade, laid, pauvre, misérable et stupide ». Ils vous répondront que c'est la volonté de Dieu. Quelquefois, ils vous parleront de la prédestination et de la grâce, mais cela ne vous expliquera rien de plus. De toute façon, c'est la volonté de Dieu. Analysons donc cette réponse. Puisque Dieu nous a donné un peu de cervelle, ne la laissons pas se rouiller.

Ainsi, le Seigneur a des caprices, Il fait ce qui Lui chante, Il donne tout aux uns et rien aux autres. Bon, je comprends, Il est Dieu, c'est sa volonté, c'est magnifique, je m'incline. Mais je trouve alors incompréhensible qu'Il soit ensuite mécontent, furieux et outragé lorsque ceux à qui Il n'a rien donné de bon, commettent des fautes, sont méchants, incroyants, criminels. Du moment que c'est Dieu qui a donné aux humains cette mentalité, ce manque d'intelligence ou de cœur, pourquoi les punit-Il ? Lui qui a tous les pouvoirs ne pouvait-Il pas les rendre bons, honnêtes, intelligents, sages, pieux, magnifiques ? Non seulement c'est sa faute à Lui s'ils commettent des crimes, mais encore, Il les punit à cause de ces crimes ! C'est là que ça ne va plus. Il a tous les pouvoirs, Il fait ce qu'Il veut, c'est entendu, on ne peut pas le Lui reprocher, mais alors pourquoi n'est-Il pas plus conséquent, plus logique, plus juste ? Il devrait au moins laisser les humains tranquilles. Eh non, Il va les jeter en Enfer pour l'éternité ! Et là aussi, je suis stupéfait ; je dis : « Combien de temps ont-ils péché ? Trente ans, quarante ans ? Bon, qu'ils restent en Enfer quarante ans, pas plus. Mais l'éternité !… » Là vraiment, je ne marche plus, je ne suis pas d'accord. Raisonnez un peu. Mais les gens n'osent pas raisonner, tellement ils sont obnubilés par ce qu'on leur a enseigné. C'est criminel de raisonner paraît-il, et alors à quoi sert l'intelligence ? Si Dieu nous l'a donnée, c'est pour quoi faire ?

Tandis que si on accepte la réincarnation, si on l'étudie et si on la comprend, alors là, tout change.

Dieu est vraiment le Maître de l'univers, le plus grand, le plus noble, le plus juste, et nous devons admettre que si nous sommes pauvres, bêtes, malheureux, c'est notre faute à nous, parce que nous n'avons pas su utiliser tout ce qu'Il nous a donné à l'origine, nous avons voulu faire des expériences coûteuses ; et Lui, le Seigneur, comme Il est généreux et tolérant, Il nous a laissés faire en disant : « Eh bien, ils souffriront, ils se casseront la tête, mais cela ne fait rien, car je leur donnerai de nouveau mes richesses et mon amour… ils ont de nombreuses réincarnations devant eux… » Donc, Il nous a laissés faire, et maintenant tout ce qui nous arrive de mauvais est de notre faute.* Pourquoi l'Église a-t-elle rejeté toute la responsabilité sur le Seigneur ? Vous direz : « Mais non, elle n'a pas fait cela, elle a simplement supprimé la croyance en la réincarnation ». En réalité, quand on y réfléchit, cela revient au même.

Jusqu'au quatrième siècle, les chrétiens croyaient à la réincarnation, comme les Juifs, les Égyptiens, les Hindous, les Tibétains, etc. Mais sans doute les Pères de l'Église se dirent-ils que cette croyance faisait traîner les choses en longueur, que les gens n'étaient pas pressés de s'améliorer, et ils voulurent donc les pousser à se perfectionner en une seule vie en supprimant la réincarnation. D'ailleurs, peu à

* Voir *Les deux arbres du Paradis,* Œuvres Complètes, tome 3, chap. IX : « Les deux arbres du Paradis III (le retour de l'enfant prodigue) ».

peu, l'Église inventa des choses tellement affreuses pour les effrayer, qu'au Moyen-Âge on ne croyait plus qu'au Diable, à l'Enfer et aux châtiments éternels. On a donc supprimé la croyance en la réincarnation afin que les gens s'améliorent par la peur et par la crainte, mais non seulement ils ne se sont pas améliorés, mais ils sont devenus pires… et ignorants par-dessus le marché ! C'est pourquoi il faut reprendre cette croyance, sinon rien n'est au point : la vie est insensée, le Seigneur est un monstre, etc.

La question de la réincarnation a été étudiée scientifiquement. On a donc ainsi des preuves grâce à des personnes qui se souviennent avoir vécu dans tel endroit, à telle époque, mais je ne m'étendrai pas là-dessus, il existe suffisamment de livres qui traitent de ce sujet, ne serait-ce que la façon dont les lamas tibétains choisissent le Dalaï-Lama… Je vous raconterai seulement un cas extraordinaire que j'ai connu en Bulgarie. Un jour, dans la Fraternité de Sofia, sont venus des parents qui étaient très troublés parce que leur enfant disait des choses incompréhensibles. Ils racontaient : « Un jour nous l'avons emmené en promenade dans un endroit qu'il n'avait encore jamais vu et il s'est écrié : « Oh, mais je connais cet endroit, je suis déjà venu ici. » Il a même décrit les environs, et c'était véridique, et pourtant c'était un endroit où il n'était jamais allé ». (Les parents, eux, savaient que c'était leur premier enfant qui y était allé.) « Vous ne vous rappelez pas ? Quand j'allais à l'école, c'est ici que je me cachais…

et c'est là que je me suis noyé dans la rivière». En effet, c'était là que leur premier enfant s'était noyé, mais lui n'en savait rien, personne ne lui en avait jamais rien dit. C'était donc leur premier enfant qui était revenu s'incarner dans la même famille. Il est rare qu'un même enfant s'incarne deux fois dans la même famille, mais cela peut arriver. Jusqu'à leur septième année, on peut interroger les enfants, ils se souviennent de beaucoup de choses. Mais au lieu de les écouter, il y a des mères qui leur donnent une tape en disant: «Tu racontes des bêtises, tais-toi…» Alors une fois, deux fois, trois fois… à la longue, les enfants n'osent plus rien raconter.

Je vous ai montré que, bien que le mot «réincarnation» ne soit pas écrit dans les *Évangiles*, certains passages montrent que cette croyance appartenait à la tradition. Je peux vous en donner un autre exemple. Dans un passage, Jésus dit: *«Soyez parfaits comme mon Père céleste est parfait»*. Que penser de cette phrase? Ou bien Jésus parle sans réfléchir en demandant à des hommes tellement imparfaits de parvenir en quelques années à la perfection du Père céleste, ou il ne se rend pas du tout compte qui est le Père céleste et il s'imagine qu'il est facile de devenir comme Lui. Dans les deux cas, ça ne parle pas bien pour Jésus. En réalité, cette phrase aussi sous-entend la réincarnation. Jésus ne pensait pas que l'homme soit capable de devenir parfait en une seule existence, non, mais il savait qu'à force de souhaiter cette perfection et de travailler pour l'obtenir, après des réincarnations et des réincarnations, il finirait par atteindre le but.

Et Moïse, qu'a-t-il écrit au début de la *Genèse*, au moment du récit de la création de l'homme ? *« Et Dieu dit : Faisons l'homme à notre image et à notre ressemblance, et qu'il domine sur les poissons de la mer, sur les oiseaux du ciel, sur le bétail... Dieu créa l'homme à son image, à son image, il le créa. »* Et où est restée la ressemblance ? Sans doute Dieu avait-Il l'intention de créer l'homme à son image et à sa ressemblance, c'est-à-dire parfait comme Lui, mais Il ne l'a pas fait. Il l'a créé seulement à son image, avec les mêmes facultés, mais sans lui donner la plénitude de ces facultés, la ressemblance.

Regardez le gland d'un chêne, il est à l'image de son père, le chêne, c'est-à-dire qu'il possède les mêmes possibilités, mais il ne lui ressemble pas, il n'est pas encore comme le chêne, il le deviendra seulement quand il sera planté. L'homme est à l'image de Dieu, c'est-à-dire qu'il possède la sagesse, l'amour, la puissance, mais à un degré tellement minuscule en comparaison avec la sagesse, l'amour et la puissance du Créateur ! Mais un jour, quand il se développera – avec le temps – il Lui ressemblera, il possédera ses vertus en plénitude. Donc, vous voyez, ce développement, le passage de l'image à la ressemblance, sous-entend la réincarnation. Dieu dit : *« Créons l'homme à notre image et à notre ressemblance »*, mais Il ne l'a pas fait. *« Dieu créa l'homme à son image, à son image Il le créa »* ; c'est dans l'absence du mot ressemblance et la répétition du mot image que Moïse a caché l'idée de la réincarnation.

Mais les gens ne savent pas lire les livres… et encore moins le grand livre de la nature vivante où est inscrite aussi la réincarnation. Prenons l'image de l'arbre. Seuls les kabbalistes ont vraiment compris l'image de l'arbre dont ils ont fait un symbole de l'univers : toutes les créatures sont placées quelque part dans cet arbre, tantôt comme racines, tantôt comme écorce, ou feuilles, ou fleurs, ou fruits. D'après leur science très vaste, toutes les existences, toutes les activités, toutes les régions ont leur place sur l'Arbre de la Vie. À différentes époques de l'année, les feuilles, les fleurs et les fruits tombent de l'arbre ; ils se décomposent et deviennent un engrais qui est absorbé par les racines de l'arbre. Il en est de même des êtres. Quand un homme meurt, il est de nouveau absorbé par l'Arbre cosmique, mais bientôt il réapparaît sous une autre forme : branche, fleur, feuille… Rien ne se perd, les êtres disparaissent et réapparaissent sans cesse sur cet Arbre formidable qu'est l'Arbre de la Vie.

Vous voyez, la réincarnation est inscrite partout. Et où encore ? Dans le phénomène de l'évaporation de l'eau. L'eau de l'océan s'évapore et monte dans l'air ; elle retombe plus loin sous forme de neige ou de pluie et retourne à l'océan. La goutte d'eau ne disparaît pas, elle fait tout un voyage pour explorer le monde : elle monte vers le ciel, tombe sur les montagnes, descend vers les vallées et s'infiltre dans les couches souterraines où elle se colore, tantôt en jaune, tantôt en rouge, tantôt en vert… L'eau qui monte et descend, voilà encore un phénomène où est inscrite la loi de la réincarnation : comme la goutte d'eau, chaque esprit voyage pour se perfectionner et s'instruire.

Voulez-vous un autre argument ? Bon. Le soir, pour vous coucher, vous vous déshabillez. Un à un, vous enlevez vos vêtements : la veste, la chemise, le tricot… le soir, quand vous vous couchez, c'est le symbole de la mort ; tous ces vêtements que vous quittez représentent les différents corps dont vous devez vous libérer les uns après les autres : d'abord, le corps physique, puis, quelque temps après, une semaine ou deux, le corps éthérique ; ensuite le corps astral, et là, c'est beaucoup plus long, parce que dans le plan astral sont entassés les passions, les convoitises, tous les sentiments inférieurs. C'est cela l'Enfer : le plan astral et le plan mental inférieurs où l'on doit rester quelque temps pour se purifier… Ensuite, vous vous libérez du corps mental, et c'est là que commence le Paradis avec le premier ciel, le deuxième ciel, le troisième ciel… La tradition rapporte qu'il y en a sept. Ce n'est qu'après s'être complètement dépouillé qu'on entre tout nu dans le septième ciel, « tout nu », c'est-à-dire purifié, sans entraves.

Et le matin, c'est le retour de l'homme sur la terre, la naissance de l'enfant. On reprend ses vêtements : le tricot, la chemise, etc. Quand l'enfant vient sur la terre, il s'habille tout d'abord de ses corps subtils jusqu'au corps mental, au corps astral, au corps éthérique, et, enfin le corps physique. Vous voyez, chaque soir on se déshabille, chaque matin on se rhabille, on le fait depuis des années et on ne s'est jamais arrêté pour réfléchir sur ces gestes qui correspondent aux processus de l'incarnation et de la désincarnation. Pourtant, si l'on savait interpréter tous ces actes quotidiens, ces gestes, ces travaux, ces comportements, les mécanismes de la nutrition, de la respiration, etc., on ferait d'immenses découvertes. Car tous les mystères de l'univers sont là reflétés dans nos gestes, dans nos paroles, dans tous les actes de notre vie. Seulement pour les déchiffrer, il faut avoir étudié dans une École initiatique.

Pour croire à la réincarnation, certains attendent que l'Église se prononce officiellement. Mais quand le fera-t-elle ? J'ai eu souvent l'occasion de parler avec des membres du clergé, et j'ai vu que beaucoup croient à la réincarnation, mais ils n'osent pas le dire de peur de s'attirer des ennuis. En tout cas, je vous le dis, si vous n'acceptez pas la réincarnation, vous n'aurez jamais la lumière sur votre situation, sur les événements de votre existence : pourquoi vous êtes toujours poursuivi, maltraité, ou pourquoi vous êtes toujours aidé, soutenu, ni comment vous pouvez travailler pour une prochaine vie. Et quand on ne connaît pas la vérité, où peut-on aller ?…

Vidélinata (Suisse), le 11 décembre 1966

# II

En lisant la vie de beaucoup de saints, de prophètes, d'Initiés, certains se disent: « Ils ont souffert, on les a martyrisés. Comment cela se fait-il ? Ils ne l'avaient pas mérité… » Si, et on peut en trouver la raison dans leur vie passée, car même lorsqu'on arrive à rétablir un ordre divin en soi, cela ne veut pas dire qu'on a tout payé, tout liquidé, tout effacé ; le passé est toujours là et ne laisse pas encore un champ d'activité entièrement libre. Il faut payer sa dette jusqu'au dernier centime.

Regardez comment cela s'est passé avec les disciples de Jésus : ils étaient avec lui, ils suivaient un Enseignement divin, ils vivaient dans la lumière, ils ne faisaient aucun mal, et pourquoi furent-ils massacrés ou livrés aux fauves ? Pourquoi Jésus ne les a-t-il pas aidés ? C'est qu'ils n'avaient pas encore liquidé leur passé. Dans les autres incarnations, quand ils n'étaient pas encore très éclairés, ils avaient commis quelques fautes qu'ils n'avaient pas réparées avant de partir de l'autre côté. C'est pour cette raison qu'il est dit (mais les gens n'ont pas compris le sens de ces conseils) : *« Que le soleil ne se couche pas sur ta colère »*, ou bien *« Avant que le soleil se couche, va te réconcilier avec ton frère »*. Si on prend cette expression au sens littéral, le délai est très court... Surtout si c'est en hiver où le soleil se couche très tôt ! En réalité, il ne s'agit pas du coucher de soleil dans le plan physique. Dans le langage symbolique des Initiés, le coucher du soleil représente la mort de l'homme, son départ pour l'autre monde. On lui donne donc, vous voyez, un délai suffisamment long, de nombreuses années. Mais une fois ce temps écoulé, s'il n'a pas pensé à payer ses dettes, ou s'il n'a pas su le faire, une fois « le soleil couché », la loi du karma s'applique ! Tout est inscrit parce que tout laisse une empreinte qui se durcit et se cristallise, et alors il faut payer. Impossible de s'arranger « à l'amiable », comme on dit. Il faut payer. Si on n'a pas réglé la question avant le coucher du soleil on devra payer jusqu'au dernier centime.

Et vous qui êtes dans un Enseignement spirituel, vous vivez dans la lumière, mais cela n'empêchera pas qu'il vous arrive de temps en temps quelques accidents ou quelques malheurs. On n'est pas à l'abri de tout, simplement parce qu'on est dans une École initiatique. Pour qu'il ne vous arrive rien de mauvais, il faut que vous ayez liquidé toutes les dettes du passé. Si vous les traînez encore, que vous suiviez ou non l'Enseignement, que vous soyez ou non dans la lumière, rien à faire, il faut les payer. La question s'éclaire, vous voyez : vous êtes dans un Enseignement divin, c'est entendu ; vous vivez dans cette lumière, vous ne faites plus désormais que du bien, c'est entendu, mais il faut savoir que ce bien donnera des résultats dans l'avenir et non dans l'immédiat. Donc, quand vous traversez des difficultés, vous devez les accepter et dire : « Seigneur Dieu, cela ne peut pas détruire le travail que j'ai fait dans la lumière. Tant mieux s'il m'arrive ces ennuis, cela veut dire que je me libère et c'est très bien. Maintenant je sais pourquoi cela m'arrive, je ne me révolterai plus, je ne demanderai plus d'être épargné ».

Vous direz : « Mais est-ce que Jésus, lui aussi, avait encore un karma à payer du moment qu'il a été crucifié ? » Non, pour lui le cas est tout à fait différent. Nous touchons là à la question essentielle du sacrifice. Il existe des êtres qui acceptent de sacrifier leur vie et de passer par de grandes souffrances alors qu'ils n'ont plus rien à payer, mais ce sont des exceptions. Quand on ne connaît pas en détail cette question des réincarnations on risque de se prononcer d'une façon erronée.

On peut classer les êtres en quatre catégories du point de vue de la réincarnation. La première catégorie est composée de créatures que leur manque de lumière, de conscience, de moralité, pousse souvent à commettre des crimes. Ils transgressent donc les lois, ils se chargent de lourdes dettes à payer, et par la suite, quand ils se réincarnent, ils viennent sur la terre dans des conditions qui les obligent à souffrir pour payer et réparer ; c'est pourquoi leur vie n'est pas tellement heureuse.

La deuxième catégorie comprend des êtres plus évolués qui tâchent de développer certaines qualités et vertus pour pouvoir se libérer. Mais dans le travail d'une seule réincarnation ils ne réussissent pas à tout rétablir, c'est pourquoi ils doivent revenir achever leur tâche. Ils seront alors placés dans des conditions meilleures qui leur permettront d'avoir des activités plus utiles, plus élevées. Mais ils devront quand même revenir pour liquider encore certaines dettes du passé jusqu'à leur libération totale.

Dans la troisième catégorie on trouve des êtres encore plus évolués qui sont revenus sur la terre pour achever certaines tâches. Ils avaient très peu d'affaires à arranger et ils ont, dans cette vie, de grandes vertus, une conscience plus large, et même beaucoup plus de temps pour faire le bien. Ces êtres-là, quand ils partiront après avoir accompli leur travail et achevé leur mission, ne reviendront plus.

Pourtant, certains parmi eux, une fois là-haut, au lieu de rester dans cet état de félicité, de bonheur, de liberté infinie dont ils jouissaient au sein de l'Éternel, pris de pitié et de compassion pour les êtres humains, quittent cet état merveilleux et descendent volontairement les aider ; et même ils acceptent quelquefois d'être persécutés, massacrés. Tandis que d'autres, étant donné qu'ils ne sont pas obligés de revenir, peuvent, dans le désir de continuer un travail spirituel commencé, s'infuser, habiter chez un être très évolué. D'ailleurs, Jésus a mentionné cette possibilité, lorsqu'il a dit : *« Celui qui accomplit les commandements, mon Père céleste et moi, nous viendrons en lui et ferons en lui notre demeure*». Ces êtres ne sont donc pas obligés de se réincarner: sans prendre un corps physique séparé, ils peuvent entrer dans un homme vivant, traverser avec lui toutes les étapes: la gestation, l'enfance, la jeunesse, la maturité pour travailler avec lui et en lui.

Beaucoup de gens veulent se libérer, mais ils comprennent mal la question, ils font tout pour échapper à leurs obligations, pour fuir leurs devoirs, couper tous les liens, et voilà, ils se croient libres. Eh non, on ne se libère pas de cette façon. La vraie libération consiste à payer toutes ses dettes. Combien de gens veulent se libérer de leur femme, de leurs enfants, de leur patron, de la société, de la vie même en se suicidant! Mais il n'y a pas de libération possible tant que vous n'avez pas payé toutes vos dettes, effacé tout le karma. Il faut vouloir se libérer, oui, mais d'après les règles divines, et il est rare de rencontrer des êtres qui sachent le faire. Même ici, dans la Fraternité, certains ne posent pas la question ainsi: ils veulent à tout prix être indépendants en échappant à leurs devoirs. C'est comme si, après s'être bien régalés dans un restaurant, ils voulaient partir sans payer. C'est malhonnête, c'est un manque de noblesse, et les esprits lumineux, de l'autre côté, n'acceptent pas une telle attitude. On imagine souvent qu'on s'est libéré parce qu'on a réussi à quitter son ancien patron ou son ancienne femme, mais à ce moment-là, de nouveaux ennuis, de nouveaux pièges vous attendent pour vous montrer que vous vous trompez ; c'est ce qui s'appelle « tomber de Charybde en Scylla ».

Le meilleur chemin, la meilleure méthode pour se libérer, c'est l'amour ; et la moins bonne, c'est l'égoïsme, l'avarice, les ruses, les calculs. Dans la générosité, le sacrifice, la bonté, dans tous les gestes qu'on fait pour donner, on travaille toujours pour sa libération. C'est pourquoi, au lieu de vous cramponner à ce que vous possédez, de tergiverser, de calculer, donnez ! Regardez comment les gens agissent au moment d'une séparation, d'un divorce !... Avec quel acharnement ils s'agrippent à leurs intérêts !... Eh oui, mais ils ne savent pas qu'en ayant cette attitude, ils devront encore se rencontrer et se supporter dans les incarnations futures.

C'est l'amour, la générosité, la bonté, la clémence, la miséricorde qui mettent le disciple sur le chemin de la libération. Bien sûr, si vous allez parler de bonté et de sacrifice aux gens ordinaires, vous passerez pour le plus grand imbécile parce qu'ils n'ont pas cette lumière et ne savent pas à quoi sert la générosité. Mais un Initié connaît les raisons profondes et sait que cela vaut vraiment la peine de donner, d'aider, d'être large et généreux, parce que c'est ainsi qu'on se libère. Donc, donnez, donnez même plus que la justice ne l'exige, car ainsi, vous vous libérerez plus rapidement.

Le Bonfin, le 29 septembre 1963

## III

Il en est des nations, des pays, des peuples, comme de chaque être humain ou de chaque chose qui naît, qui grandit, puis vieillit et doit laisser la place à d'autres : ils suivent la même courbe, ils donnent ce qu'ils doivent donner, et ensuite, ils s'éteignent ; on dirait qu'ils se reposent pour pouvoir un jour se réveiller et donner de nouvelles richesses, de nouveaux trésors. On a vu cela avec toutes les nations, et c'est même le sort des religions : chacune prend son essor, étend peu à peu son influence, arrive à un point culminant, puis se fige, se sclérose et perd les grandes clés de la vie. Regardez, même les Mystères, même les temples de l'ancienne Égypte qui possédaient les clés, le pouvoir, le savoir, qu'en reste-t-il maintenant ? Tous ces hiérophantes, où sont-ils ? Toutes ces sciences, où sont-elles ? Tous ont suivi les lois immuables de la vie : chaque chose ou chaque être qui naît doit mourir et céder la place. Seul ce qui n'a pas de commencement n'a pas de fin.

Regardez ce qu'a été la Grèce dans le passé, tous ces créateurs extraordinaires qu'elle a donnés au monde : poètes, dramaturges, peintres, sculpteurs, architectes, philosophes… Et maintenant… Un pays est comparable à une rivière : le lit est toujours le même, mais l'eau qui coule est toujours différente, toujours nouvelle. Les habitants de la rivière, les gouttes d'eau, viennent et s'en vont, mais il en arrive d'autres à leur place tandis qu'elles s'écoulent vers la mer. Parvenues à la mer, elles sont chauffées par le soleil, elles deviennent légères, subtiles, montent dans l'atmosphère jusqu'au jour où elles retomberont sous forme de pluie ou de neige, pour redescendre vers les vallées en torrents et en rivières. Donc, tout passe, tout coule, tout se transforme.

Et qu'est-ce qu'un pays ? Un pays n'est rien d'autre qu'une rivière où se réincarnent successivement des êtres toujours différents et qui viennent d'ailleurs ; ou encore, c'est comme une maison dont le destin est d'être habitée une dizaine d'années, par exemple, par tels locataires, puis les cinq années suivantes par d'autres personnes… Pendant dix ans, il y a de la musique, des chants, de l'harmonie, puis les habitants s'en vont et il en vient d'autres qui font régner le désordre et la cacophonie ; et pourtant la maison est toujours la même. C'est de cette façon que s'explique le destin de nombreux pays : la Grèce est toujours le même pays, mais ses habitants ne sont plus les mêmes qu'il y a deux ou trois mille ans. Et pour les autres pays, c'est la même chose.

Vous direz peut-être : « Mais alors, comment se fait-il que les Tibétains, par exemple, aient gardé presque les mêmes conceptions, les mêmes idées, les mêmes coutumes, depuis des milliers d'années ? » C'est parce que tout se passe comme dans l'organisme humain : les cellules qui l'habitent ne sont plus les mêmes, elles se renouvellent mais font toujours le même travail ; ou bien comme dans une usine : quand on renouvelle le personnel, on renvoie certaines personnes et on en engage d'autres qui travaillent les unes sur tel ordinateur, les autres sur tel appareil optique ou tel circuit électrique, etc. Le nouveau personnel qui prend la place de l'ancien possède les mêmes connaissances et s'est déjà exercé à faire les mêmes travaux pour pouvoir remplir des fonctions déterminées. Donc, vous voyez, les esprits qui vont se réincarner au Tibet, sont ceux qui ont travaillé dans ce sens, qui ont des affinités avec les Tibétains et sont prêts à aller là-bas. Et les Tibétains qui se sont préparés pour être comme les Français, viennent se réincarner en France. C'est pourquoi il y a beaucoup d'anciens Tibétains en France, même parmi les enfants de la Fraternité.

Vous direz : « Et les Juifs qui ont toujours été persécutés depuis des siècles ? » Les Juifs qu'on a martyrisés étaient des êtres venus d'autres peuples du monde entier et réincarnés dans des familles juives, parce que, d'après leur karma, ils devaient être persécutés ou massacrés ; mais eux-mêmes n'étaient pas Juifs depuis l'éternité. À un moment, le Ciel les a fait naître dans des familles juives pour payer certaines dettes. Et en Grèce, ce sont donc aussi d'autres âmes qui sont venues se réincarner, peut-être des Bulgares, parce que ces deux pays se sont longtemps détestés. Et beaucoup de Grecs sont allés se réincarner en Bulgarie pour y être récompensés ou pour y être punis, je ne sais pas. Car beaucoup de gens vont se réincarner auprès de leurs anciens ennemis.

Lorsque vous détestez quelqu'un, c'est exactement comme lorsque vous l'aimez : déjà vous contractez un lien avec lui. La haine est aussi puissante que l'amour. Si vous voulez être libéré de quelqu'un, ne plus jamais le revoir, ne le détestez pas, et ne l'aimez pas non plus, soyez indifférent. Si vous le détestez, vous vous liez à lui par des chaînes que personne ne pourra délier, vous serez tout le temps avec lui et vous continuerez à avoir affaire à lui pendant des siècles. Oui, c'est ce que vous ne savez pas. Vous vous imaginez qu'en détestant quelqu'un vous vous éloignerez de lui. Eh bien, au contraire, car la haine est une force qui vous lie à la personne que vous haïssez. Comme l'amour. Mais le lien, évidemment, est différent. L'amour vous apportera certaines choses et la haine vous en apportera d'autres, mais tout aussi sûrement et tout aussi puissamment que l'amour. Voilà des vérités que tous les peuples doivent apprendre, ils verront combien il est ridicule de se détester.

Mais ne vous étonnez pas, ne vous vexez pas, si je vous dis que la France va commencer à perdre les génies qu'elle possède encore. Ses artistes, ses écrivains, ses philosophes ont donné au monde entier des richesses extraordinaires, mais si elle continue à couper le lien avec le Ciel d'où viennent justement ces richesses, tous ses génies iront se réincarner ailleurs. Car les esprits ne tiennent pas beaucoup à telle ou telle nationalité, ils sont citoyens de l'univers. Ce sont les peuples qui les réclament pour eux, mais eux, si vous leur demandez leur avis, ils répondent : « Nous nous trouvons bien partout dans l'univers ; notre patrie, c'est l'univers ». Quand ils arrivent dans l'autre monde les questions de nationalité ne comptent plus. Si vous aviez pu voir pendant la guerre les soldats français et allemands morts dans les combats se retrouver là-haut ! Ils trinquaient, ils riaient ensemble et se trouvaient tellement stupides de s'être entre-tués alors qu'ils étaient tous fils de Dieu.

C'est tellement facile pour le monde invisible de faire dégringoler un pays, ou d'en faire évoluer un autre ! Pourquoi fait-il cela ? C'est son affaire. Par exemple, regardez ce que représentait la Bulgarie, il y a quelques siècles : rien du tout, un pays toujours pauvre, misérable, piétiné ; elle ne produisait ni penseur, ni artiste, ni savant. Et maintenant cela commence à changer, car ni la gloire d'un pays ni sa décadence ne durent éternellement. Et la Chine ? Combien de siècles est-elle restée endormie, retardataire, chloroformée ? Et maintenant, elle se réveille et fait peur au monde entier. Comment cela s'explique-t-il ? Qui dirige tout cela ? Pour quelle raison ?

Tout est dirigé d'en haut : ce sont les Hiérarchies célestes qui décident, et pour elles, c'est facile.

Cela se passe comme pour l'aide aux pays pauvres. Supposez un pays très misérable, sous-développé à tous les points de vue… Mais voici qu'un autre pays, plus avancé et plus riche, lui envoie toute une équipe d'ingénieurs, d'économistes, de techniciens : en quelques années ils redressent le pays. Le monde invisible fait de même : il envoie des ingénieurs, des savants, c'est-à-dire toute une équipe d'âmes d'élite, et ça y est, ils redressent toute une culture. Il suffit même parfois d'un seul homme politique excellent et un pays se redresse en quelques années.

Il se peut que certains d'entre vous soient vexés et mécontents de m'entendre dire que leur pays s'endort. Mais cela ne dépend pas de moi, je constate simplement. Je n'ai aucun chauvinisme, aucun parti pris, je ne suis ni bulgare ni français, je suis un citoyen de l'univers, je suis un fils du soleil. Oui, je n'appartiens même pas à la terre. Alors, pourquoi aller me bagarrer au sujet de la Bulgarie, de la Grèce ou de la France ? Je suis au-dessus des frontières. Mais je constate que c'est dans les pays slaves que les savants sont allés actuellement le plus loin dans les découvertes parapsychiques : la télépathie, la psychométrie, la clairvoyance, la radiesthésie. Bien qu'en apparence la situation n'évolue pas du tout dans ce sens, la Russie abandonnera un jour la philosophie marxiste et les communistes deviendront des frères de la grande Fraternité Blanche Universelle.

Mais ce que les Russes ont trouvé pour le moment dans le domaine parapsychique, n'est à peine que le centième de ce que je vous ai révélé depuis des années. Je vous prédis que la Science initiatique sera répandue un jour dans le monde entier. Mais, évidemment, pas dans ses degrés les plus élevés, car il restera une limite, un interdit, tout ne sera pas encore révélé ; les humains n'auront pas accès aux ultimes secrets parce qu'ils ne sont pas encore prêts pour les connaître, car par nature ils sont toujours prêts à utiliser toutes les découvertes pour dominer, profiter, absorber. Mais bientôt certaines réalités seront connues et mises en lumière dans le monde entier, et ce sera l'avènement de la culture solaire.

Le Bonfin, le 11 août 1974

# IV

*Lecture de la pensée du jour :*

« La moindre fleur qui apparaît sur la terre est liée à tout l'univers. Si elle apparaît trop tôt, la nature, qui n'est pas d'accord avec elle, la prive de son soutien, et elle meurt.

« Pour que vous veniez sur la terre, il a fallu que toute la création y consente. Vous dites : « Mais je ne suis rien, comment la nature a-t-elle pu se préoccuper de ma naissance ? » C'est ainsi. Il est prévu quelque part quelle quantité vous mangerez et boirez. Le budget cosmique a été étudié et on a décidé que vous pouviez venir sur la terre. Tout est lié. Chaque apparition ou existence est liée au cosmos. Rien ne peut se produire sur la terre et dans le ciel sans l'accord de toute la création. »

Je sais qu'en écoutant cette pensée beaucoup seront étonnés, choqués, car les humains sont loin de considérer les choses ainsi. D'après eux, tout ce qui se passe est dû au hasard, rien n'est voulu, rien n'est prévu, aucune intelligence ne préside aux événements. C'est pour cette raison qu'ils ne comprennent rien à ce qui arrive dans le monde.

Prenez par exemple un arbre. Pour que cet arbre puisse grandir, fleurir et donner des fruits, il faut que toute la nature lui accorde sa participation. Il faut que la terre lui fournisse les éléments nécessaires, et si elle ne peut pas, il meurt. Et s'il n'a pas l'eau, l'air, le soleil, la chaleur, et les soins des hommes aussi quelquefois, il ne peut pas vivre non plus. L'arbre a donc besoin de toute la création, mais cela ne se voit pas parce que ce sont des processus imperceptibles, et on croit que l'arbre est là, comme ça, par hasard. Et l'homme ? Il vit, il respire, il marche, toute la création participe et consent à ce qu'il puisse continuer à vivre ; si elle lui refuse seulement quelques éléments, l'air ou l'eau ou quelques vitamines, quelques hormones, il est mort. D'où lui viennent-ils, ces éléments indispensables ? C'est l'univers tout entier qui donne sa participation.

Et pour qu'un homme vienne sur la terre, vous croyez que ça c'est fait comme ça, par hasard ? C'est inouï l'ignorance et l'inconscience des humains ! Regardez comment les choses se passent dans le monde, dans un état, dans une administration, dans une famille. « Oui, direz-vous, mais là, il y a des gens qui calculent le budget, fixent les dépenses : combien consacrer à la nourriture, au chauffage, à l'entretien, etc., qui décident quelles économies il faut faire, quelles personnes il faut licencier, quelles autres il faut engager ou garder… » Et alors, quand il s'agit de l'arrivée d'un être sur la terre, vous croyez que personne ne l'a décidée et ne l'a approuvée ? Dans une famille, dans une ville, dans un état, tout se fait d'après des calculs, des plans, des budgets, et dans l'univers rien n'est calculé, tout se produit par hasard ? Vraiment l'ignorance humaine est insondable ! Mais là-haut aussi ils comptent combien d'hommes doivent descendre sur la terre, le nombre d'années qu'ils doivent y rester ; c'est une économie vraiment inouïe !

Tous les besoins des humains sont prévus, tout est préparé pour leur existence, et eux s'imaginent que les choses se passent comme ça, n'importe comment, et que même pour envoyer, par exemple, un être comme Jésus, personne ne s'est préoccupé de trouver le moment astrologique, l'époque favorable. Jésus est venu comme ça, par hasard, on ne sait même pas pourquoi… Eh non, sa venue avait été décidée par les plus hautes entités. Rien n'est laissé au hasard. Même la venue d'Hitler a été calculée et décidée d'avance pour qu'il puisse donner des leçons à certains, et en recevoir quelques-unes, lui aussi, et ceux qui l'ont soutenu, bien sûr.

Vous direz : « Mais comment font-ils en haut pour prévoir tant de choses ? » Et si je vous dis que tout est automatique, qu'ils ont des ordinateurs… Car les ordinateurs, ce ne sont pas les humains qui les ont inventés, ils existent déjà depuis longtemps dans la nature. Donc, la machine cosmique qui possède tous les renseignements nécessaires sur le passé de tel être, décrète : il renaîtra dans tel pays, telle année, avec tel corps, telles facultés… Il existe alors d'autres esprits qui sont chargés de surveiller l'exécution de ces décrets et tout se produit exactement à la date fixée ; s'il doit avoir un accident, ils surveillent, ils attendent le moment, et à l'heure dite ils provoquent l'accident qui se déroule de façon infaillible. Les gens s'imaginent que c'est le hasard ; eh non, c'était mathématiquement déterminé. Si tel enfant doit naître à telle époque, la machine électronique détermine avec précision, sur le zodiaque, son signe, son ascendant, la position des planètes avec leurs différents aspects, et l'enfant arrive juste à ce moment-là ; même sa conception était prévue et fixée. Tout correspond exactement à ce qu'il a fait dans les autres réincarnations : s'il doit être heureux ou souffrir, ou avoir des accidents… tout se décide automatiquement.

« Mais alors, direz-vous, où est la liberté ? » La liberté, eh bien, elle se trouve dans l'esprit, elle est là toutes les fois que l'esprit se manifeste et décide d'améliorer, de changer ou d'accélérer certains processus. Mais, dans l'ensemble, la vie est déjà déclenchée comme un appareil qu'on met en marche, comme ces petits trains pour les enfants : à un moment donné, ils s'arrêtent parce qu'on n'a pas pu les remonter. Et l'homme aussi, quand il cesse d'être remonté, il meurt. Il est comme un appareil que l'on remonte pour qu'il vive tant de temps, et à tel endroit du parcours, comme un petit train, il doit rencontrer de petits tunnels, de petits obstacles ; tout cela est calculé d'avance, même les rencontres « par hasard ». Quand vous rencontrez un homme qui bouleverse votre existence, c'était déjà prévu depuis longtemps. Et même le coup de foudre était prévu et décidé bien avant votre naissance. Lorsque vous voyez un petit bébé, déjà tout est disposé en lui, les branchements, les circuits, les installations. C'est une usine, c'est un état, c'est une constellation, c'est un monde !

Ne soyez pas étonné d'entendre que, seulement pour qu'une fleur puisse vivre et s'épanouir, l'univers doit être consentant, et pourvoir à ses besoins, sinon elle meurt. C'est ce qui se passe aussi pour vous. Si vous bénéficiez de conditions spirituelles, mentales et physiques favorables, vous pouvez croître et fleurir, alors que d'autres conditions vous sont contraires et vous empêchent de vous développer. Parfois des conditions qui sont favorables à d'autres sont désavantageuses pour vous, et inversement. Vous pouvez donc être pourvu de toutes sortes de dons, mais être privé de certains autres, la santé par exemple, et cela parce que certaines forces, certains courants de l'univers n'étaient pas d'accord avec votre venue au monde et ils provoquent des troubles.

Voilà pourquoi vous devez travailler sur l'harmonie, arriver à introduire en vous l'harmonie du monde entier, des étoiles, de l'univers, sinon il y aura toujours quelque chose ou quelqu'un pour venir vous troubler. Par exemple, votre famille est en harmonie avec vous, votre voisin aussi ; oui, mais d'autres personnes, là-bas, vous veulent du mal, et il vous arrivera donc quelques pépins. Ainsi, les bonnes choses sont mêlées de mauvaises. C'est pourquoi j'insiste si souvent pour que vous arriviez à obtenir cette harmonie avec le cosmos tout entier pour que tout en vous soit beau, lumineux, idéal. Vous voyez, vous n'avez pas encore compris l'importance de certains exercices que je vous ai donnés, parce que tant qu'on ignore certaines vérités, on n'accorde pas d'importance à certains petits détails. Mais dès qu'on en a l'explication, on s'aperçoit de leur importance.

Encore un exemple : supposons que vous ayez un ami avec lequel vous êtes d'accord et qui vous aide réellement ; mais d'un autre côté vous avez un ennemi qui vous nuit dans un autre domaine. Tous les deux marchent ensemble : l'un apporte des discussions, des tristesses, des chagrins, et en même temps avec l'autre (votre ami, ou encore votre bien-aimée) vous passez des minutes magnifiques. Donc, que vous le vouliez ou non, cet ennemi compte aussi dans votre vie et il vous apporte des préjudices ; voilà pourquoi il faut travailler pour être en harmonie avec le monde entier.

Évidemment, c'est difficile, mais au moins il faut essayer de s'harmoniser avec les entités qui sont au-dessus de nous, qui dirigent et commandent notre existence, et ensuite travailler aussi pour arranger les affaires avec ceux qui nous détestent, qui nous nuisent. C'est pourquoi il a été dit : *« Avant que le soleil se couche, va te réconcilier avec ton frère »*. Avant que le soleil se couche, c'est-à-dire avant la fin de cette incarnation, parce qu'ensuite il sera très difficile de réparer. C'est dans cette vie qu'il faut aller trouver cette personne, vous mettre d'accord avec elle, lui donner satisfaction, et vivre en paix. Chaque mauvaise pensée, chaque mauvais sentiment ou mauvaise action est toujours nuisible; on a beau ne rien voir, ce sont des entités vivantes qui se déplacent, elles trouvent leur destinataire et produisent des dégâts chez lui. Et un jour c'est vous qui devez payer pour le mal qu'elles ont fait.

Maintenant arrêtons-nous seulement sur cette idée que notre destinée est déterminée d'avance. Comme je vous le disais dans une autre conférence, avant de descendre sur la terre on a les possibilités d'améliorer certaines choses avec le consentement des Hiérarchies célestes. Mais une fois né, on n'a plus ces possibilités, tout doit se dérouler d'après un plan préétabli. Les systèmes osseux, musculaire, circulatoire, nerveux, la santé, l'intelligence, etc., sont déterminés, le destin est donc déjà tout tracé. Supposez un être qui naît laid, recroquevillé, déformé, eh bien, son destin est déjà fixé. Et, au contraire, une fille qui naît jolie, ravissante, dotée de tous les charmes: son destin aussi est déjà tout tracé. On l'élit Miss Monde, et immédiatement voilà les réceptions, voilà les photographes, voilà l'archi-milliardaire, et ça y est, c'est une vedette.

C'est pourquoi je vous disais souvent: pour cette incarnation, vous ne pouvez pas changer énormément votre destinée, mais pour la suivante vous avez toutes les possibilités, en travaillant, en désirant, en demandant. Pour cette incarnation, vous êtes limité, mais vous pouvez déjà travailler pour la prochaine. Si vous ne faites rien, la prochaine incarnation sera exactement comme celle-ci… Pourquoi certains sont-ils dans une situation tellement déplorable ? Parce qu'ils n'ont pas su dans l'incarnation précédente ce qu'il fallait demander, sur quoi il fallait travailler pour posséder aujourd'hui telle possibilité ou telle vertu. Ils ne le savaient pas, et maintenant, s'ils continuent à l'ignorer, la prochaine incarnation sera aussi ratée.

C'est pourquoi, mes chers frères et sœurs, écoutez-moi bien, profitez-en, utilisez toutes les années qui vous restent à vivre, méditez, souhaitez, demandez les meilleures choses, parce que vous lancez déjà des projets qui vont se matérialiser, se cristalliser. La cristallisation actuelle résiste et refuse d'être changée ; tant qu'elle n'est pas usée, elle ne peut être remplacée. Mais rien ne se perd de ce qu'il a durant sa vie créé de bon par la pensée, et dans une prochaine incarnation il reviendra avec la beauté, l'intelligence, la santé, la bonté, parce que les pensées et les désirs qu'il a envoyés se sont matérialisés dans une nouvelle structure. Et cette structure à son tour est tenace et résistante, elle s'oppose aux forces négatives et destructives. Le travail que nous faisons maintenant n'est pas tellement pour cette incarnation, c'est pourquoi beaucoup de frères et sœurs viennent me dire : « Je ne vois pas de résultats, Maître, je travaille depuis des années et rien n'est changé, je suis toujours le même ». Mais je réponds : « Vous n'avez rien compris ; vous avez vraiment changé quelque chose, mais il faut attendre : quand la formation actuelle disparaîtra, vous verrez la nouvelle, celle que vous avez travaillé à former, et vous serez stupéfait de sa splendeur».

Je vous disais tout à l'heure que la liberté se trouve dans l'esprit. Mais il faut que j'ajoute encore quelques explications.

Observez le comportement de l'animal ou de l'enfant. L'animal obéit aux lois naturelles, il n'a pas la liberté, la volonté libre de changer le cours des choses et de s'y opposer; cela ne lui est pas donné. Donc, il obéit, il se soumet, il est fidèle aux lois naturelles, et c'est pourquoi il est innocent. Même quand il fait des ravages ou se jette sur une proie, ce n'est pas sa faute, c'est sa nature, c'est la Nature qui le pousse. Et l'enfant, lui aussi, obéit encore à ses instincts, aux impulsions qui sont en lui, il ne possède ni l'intelligence, ni la volonté, il est comme un petit animal. C'est plus tard, après quelques années, qu'il acquiert une possibilité de s'opposer à la nature et à ses lois: il peut choisir ou de marcher en harmonie avec ces lois ou de les transgresser.

Et maintenant, quand l'homme est seulement occupé à manger, à dormir, à s'amuser, à mettre des enfants au monde, à travailler pour gagner sa nourriture, quoi qu'il en pense, il ne fait que mener une vie animale, instinctive ou purement végétative. Car les animaux et les plantes en font autant. C'est une vie qu'il mène presque indépendamment de lui, de sa volonté, de sa conscience: il grandit, il s'affaiblit, il s'en va; il n'y est pour rien.

Mais lorsque l'homme, avec sa conscience et son intelligence, commence à s'occuper de cette vie, à la contrôler, à la purifier, à y ajouter un élément spirituel, il devient un facteur formidable capable de changer son destin. Qu'est-ce que le destin ? C'est un enchaînement implacable de causes et de conséquences auquel seule la vie animale, biologique, instinctive est absolument soumise. Quel est, par exemple, le destin d'une poule ? Elle ne peut devenir ni roi, ni poète, ni musicien ; elle est prédestinée à la casserole. Le destin de la poule, c'est la casserole ! Toutes les créatures ont ainsi leur destin propre. Le destin du loup, c'est d'être chassé, capturé, massacré, ou alors transporté dans un parc zoologique. Et même les brebis, même les colombes ont leur destin qui est absolument conforme à ce qu'elles représentent d'après leur activité et les éléments dont elles sont formées.

Pour pouvoir maintenant échapper au destin, il faut cesser d'être esclave, faible, asservi à cette vie inférieure où rien ne dépend de vous : respirer, procréer, manger, boire, dormir. C'est une vie qui est encore loin d'être divine. Elle est divine parce qu'elle vient de Dieu, parce que tout vient de Dieu, mais dans le sens spirituel, ce n'est pas encore une vie divine. La vie divine commence quand l'être humain s'aperçoit qu'il n'est pas seulement un estomac, un ventre, un sexe, un être fait de chair, d'os, de muscles, mais aussi un esprit, et qu'il commence en tant qu'esprit à vouloir agir dans son domaine, pour créer des œuvres sublimes, lumineuses, grandioses. À ce moment-là, oui, il échappe à son destin, car le destin, c'est d'être malade, d'être transporté dans un cimetière et d'y pourrir. Voilà, ce destin-là est déjà fixé – je parle du plan physique – il est déjà décidé, on ne peut y échapper. Mais la vie spirituelle donne la possibilité d'ajouter quelque chose à la vie végétative, instinctive, et d'entrer ainsi dans un plan supérieur à celui du destin. Pour cela il faut que l'esprit commence à sortir, à se manifester, à travailler : il laisse des signatures, des traces, des sceaux sur toutes choses, il intervient dans tous vos actes et les dirige. C'est ainsi que vous sortez de votre destin pour entrer dans le monde de la Providence. Tous les corps sont prédestinés à devenir poussière. Mais ce n'est plus vrai pour l'esprit ; l'esprit n'a pas de destin, il est régi par les lois de la Providence.

Mais comment arriver jusqu'à la Providence ? Il faut savoir qu'entre ces deux régions, celle du destin et celle de la Providence, se trouve la volonté libre, et toute la question pour le disciple est donc d'arriver à rendre sa volonté si parfaitement libre qu'elle puisse se mouvoir, agir, travailler dans le monde de l'esprit. À ce moment-là, il entre sous l'influence de la Providence et il voit se présenter à lui une infinité de choix et de chemins. Il peut choisir tout ce qu'il voudra, et son choix est toujours merveilleux. Tandis que dans le monde du destin, il n'y a pas de choix, il n'y a qu'un chemin : la destruction, la dislocation, la disparition. Quel est le destin du bœuf ? D'être attelé et de tirer la charrue, le pauvre, jusqu'à la fin de ses jours ; ou alors d'être dépecé et de finir dans une boucherie. Le bœuf ne peut pas changer son destin, et les autres animaux non plus.

Tous les hommes qui n'ont pas ce savoir et cette lumière vivent esclaves de leur destin, et ils sont sans cesse bousculés, opprimés, tourmentés. Le monde du destin est implacable, quand l'homme y est soumis, qu'il s'agisse d'un roi ou d'un empereur, ce destin est inflexible, il s'accomplit, et voilà la tête qui tombe sous la guillotine. Il est très difficile d'échapper au destin, parce que, pendant de nombreuses incarnations antérieures, on a souvent travaillé à se créer un lourd karma. Or, les lois des causes et des conséquences sont absolues, et le destin qui n'est pas conscient et n'éprouve aucune pitié, s'applique aussi infailliblement qu'une loi physique : vous frappez un verre, et il vole en morceaux. Des lois fidèles et véridiques, voilà le destin !

Dans cette incarnation nous avons la possibilité de nous créer de bonnes conditions pour la prochaine : il suffit d'être conscient et de le savoir. Mais si on ne travaille pas maintenant, la prochaine incarnation pourra être pire. Lorsque l'Église empêche les gens de croire à la réincarnation, elle les empêche d'améliorer leur avenir. Les chrétiens ne connaissent pas leurs véritables possibilités. On leur dit qu'après leur mort ils iront s'asseoir auprès du Seigneur parce qu'ils seront allés à la messe, ou qu'ils seront en Enfer pour l'éternité à bouillir dans une marmite, parce qu'ils n'y seront pas allés. Si c'était si facile d'aller s'asseoir à la droite du Seigneur ! Pourquoi trompe-t-on ainsi les humains ? Pour les consoler ? Mais il ne faut pas les consoler ; il faut leur présenter la vérité.

Donc, je résume : toutes les créatures, et elles sont nombreuses sur la terre, qui se laissent mener seulement par leurs instincts, leurs besoins physiologiques, qui ne font aucun travail spirituel, ne pourront plus changer leur destin : tout ce qui est décrété se réalisera. Tandis que celles qui travaillent ardemment à s'approcher de ce monde de lumière et d'amour, pourront y échapper. Le destin est cruel et implacable, mais elles auront cessé d'être absolument en son pouvoir : elles vivront désormais dans une région plus subtile où elles recevront des éléments qui neutraliseront les influences nocives. Si vous voulez, il s'agit aussi d'un destin. La Providence est un destin, mais d'une autre espèce : en elle aussi tout est déterminé, mais divinement déterminé !

Voilà. Ce que je viens de vous dire est très important. Vous saurez désormais que si vous vous contentez de vivre comme tout le monde sans rien faire dans les plans supérieurs, vous ne pourrez pas changer grand-chose à votre destin, vous ne pourrez pas créer votre propre avenir puisque vous vous soumettez à ce qui existe déjà. Il se peut d'ailleurs que vous ayez un « bon destin ». Il y a des destins qui sont en apparence très bons. Par exemple, le destin des gens qui vivent dans la richesse, l'opulence, la tranquillité ; personne ne les dérange : ils mangent, ils boivent, ils voyagent, ils se marient, ils ont des enfants, une vie splendide ! Mais voilà qu'aux yeux des Initiés, ce n'est pas cela la meilleure vie. Il existe d'autres êtres qui travaillent, qui luttent, qui souffrent, qui se heurtent à des obstacles, qui n'ont plus rien… Mais il se peut qu'en réalité leur vie soit meilleure que celle de ces gens en apparence tellement favorisés.

Les humains se font une idée matérialiste du bonheur, et même les astrologues se sont laissé embarquer dans cette mentalité. Quand ils doivent prédire une destinée, ils disent : « Oh, c'est formidable, vous avez Jupiter en maison II, le Soleil en maison X, Vénus en maison VII ; donc, vous serez puissant, riche, heureux en amour, vous aurez tout ». Tandis que si vous avez des carrés et des oppositions, ils vous plaignent. Mais ils n'ont rien compris ! Un Initié ne donnera jamais une interprétation pareille : il regardera dans votre horoscope si vous arriverez à accomplir certaines tâches, à faire la volonté de Dieu, à entreprendre des réalisations divines. Après cela, il ne s'occupe plus ni des carrés, ni des oppositions, ni des planètes en exil ou en chute.

Mais cette lumière-là, ce regard différent, cette interprétation différente, peu d'astrologues contemporains en sont capables : ils restent esclaves de la mentalité ordinaire, ils jugent comme tous les gens qui trouvent que la vraie vie dépend seulement des biens matériels et du succès. Mais tout cela est passager et très vite disparu, et après ?… Il n'est pas donné à tout le monde de connaître la valeur d'un horoscope. Là où d'autres poussent des cris d'admiration, moi, je regarde et je vois que ce sont des gens qui ne feront rien pour le Ciel, rien. Pourtant ils ont un « bon thème », des talents, des richesses, une place élevée dans la société, et en réalité ce sont les êtres les plus ordinaires et les plus insignifiants. Jamais je ne voudrais être à leur place, ni avoir un « bon horoscope » comme le leur. Il existe d'autres règles inconnues des astrologues ordinaires pour juger un horoscope.

Je pourrais encore m'arrêter sur une quantité de points pour vous montrer que les astrologues n'ont pas une bonne compréhension des choses. Au lieu de vous dire que vous aurez une dette à payer dans tel ou tel domaine et de vous expliquer comment la payer pour vous libérer, ils vous donneront des conseils pour échapper à tel accident qui doit se produire à telle date. Mais ces conseils ne vous sauveront pas parce que l'accident ne se produira pas le jour où ils vous auront conseillé de ne pas sortir, mais le lendemain, ou la veille. Parce que le karma, qui n'aime pas les fraudes ni les tricheries, les pousse à faire des erreurs dans leurs calculs.

Vous direz : « Mais alors, à quoi sert l'astrologie si elle ne permet pas d'améliorer sa destinée ? » Si, elle permet d'améliorer sa destinée, mais pas de cette façon. C'est long à expliquer, mais je vous donnerai quand même un exemple. Vous savez que vous aurez une certaine somme à payer à telle époque de votre vie, sinon on viendra vous prendre vos meubles, vous chasser de votre maison, et vous serez exposé à la pluie, au froid, à la maladie. Pour éviter cela, vous ne laissez pas arriver l'événement sans rien faire, mais vous vous préparez, vous travaillez, vous économisez, et lorsque le jour vient, vous payez et vous n'êtes pas chassé de chez vous. Cette image peut être transposée dans tous les domaines de l'existence au sujet d'un accident, d'une maladie qui vous attend, d'un effondrement de la situation, etc.

Alors, mes chers frères et sœurs, je vous ai donné aujourd'hui des vérités absolues. Allez, étudiez, vérifiez, et vous verrez que je ne vous trompe pas. Vous avez de grandes possibilités, parce que l'Enseignement vous aide, vous prépare et vous explique comment vous pouvez vous créer un avenir vraiment sublime.

Le Bonfin, le 25 juillet 1974

***Du même auteur :***

**Brochures**

301 – L'année nouvelle
302 – la méditation
303 – La respiration,
*dimension spirituelle et applications pratiques*
304 – La mort et la vie dans l'au-delà
305 – La prière
306 – La musique et le chant dans la vie spirituelle
307 – Le haut idéal
308 – La fête de Pâques, *« Je suis la résurrection et la vie »*
309 – Notre peau spirituelle, l'aura
311 – Comment la pensée se réalise dans la matière
312 – La réincarnation
313 – « Notre Père »
315 – La science de la vie
318 – Le vrai travail de la mère pendant la gestation
319 – L'âme, instrument de l'esprit
320 – Verbe divin et parole humaine
321 – Noël et le mystère de la naissance du Christ
322 – Les bases spirituelles de la médecine
323 – Méditations au lever du soleil

*Éditeur-Distributeur*

**Éditions PROSVETA S.A. - Z.A. Le Capitou - B.P. 12**
**F - 83601 Fréjus Cedex (France)**
Tél. (33) 04 94 19 33 33 - Fax (33) 04 94 19 33 34
**E-mail: international@prosveta.com – www.prosveta.com**

*Distributeurs francophones*

**BELGIQUE & LUXEMBOURG**
PROSVETA BENELUX – Beeldenmakersstraat 1 – B 8000 Brugge
Tel./Fax. (32)(0)50/61 69 10 – e-mail : prosveta@skynet.be
VANDER S.A. – Av. des Volontaires 321 – B-1150 Bruxelles
Tél. (32) (0) 2 732 35 32 – Fax. (32) (0) 2 732 42 74 – e-mail : g.i.a@wol.be

**CANADA**
PROSVETA Inc. – 3950, Albert Mines – Canton-de-Hatley (Qc), J0B 2C0
Tel. (819) 564-8212 – Fax. (819) 564-1823
*in Canada,* call toll free : 1-800-854-8212
e-mail : prosveta@prosveta-canada.com – www.prosveta-canada.com

**CÔTE D'IVOIRE**
Librairie Prosveta
25 rue Paul Langevin Zone 4C – 01 Abidjan
e-mail: prosvetafrique@yahoo.fr – Tél. / Fax. (225) 21 25 42 11

**FRANCE – DOM TOM**
Éditions Prosveta S.A. - B.P. 12 – F - 83601 Fréjus CEDEX (France)
Tél. (33) 04 94 19 33 33 – Fax (33) 04 94 19 33 34
e-mail: international@prosveta.com – www.prosveta.com

**SUISSE**
PROSVETA Société Coopérative
Ch. de la Céramone 2 – CH – 1808 Les Monts-de-Corsier
Tél. (41) 21 921 92 18 – Fax. (41) 21 922 92 04
e-mail : prosveta@swissonline.ch

***Liste mise à jour le 6.07.2006.***

***Si vous voulez découvrir tous nos distributeurs ou si vous ne pouvez contacter un des distributeurs ci-dessus, consultez le site internet www.prosveta.com***

Achevé d'imprimer en septembre 2006
par DUMAS-TITOULET Imprimeurs
42004 Saint-Etienne – France

---

Dépôt légal : septembre 2006
1er dépôt légal dans la même collection : 1990
N° d'imprimeur : 44597D